MÉMOIRE

DE

M. MARTELET

MAIRE DE LURE

Membre du Conseil général de la Haute-Saône

EN RÉPONSE

A LA NOTE PRODUITE

A LA COUR DES COMPTES

PAR

ONZE COMMUNES DU CANTON DE LURE

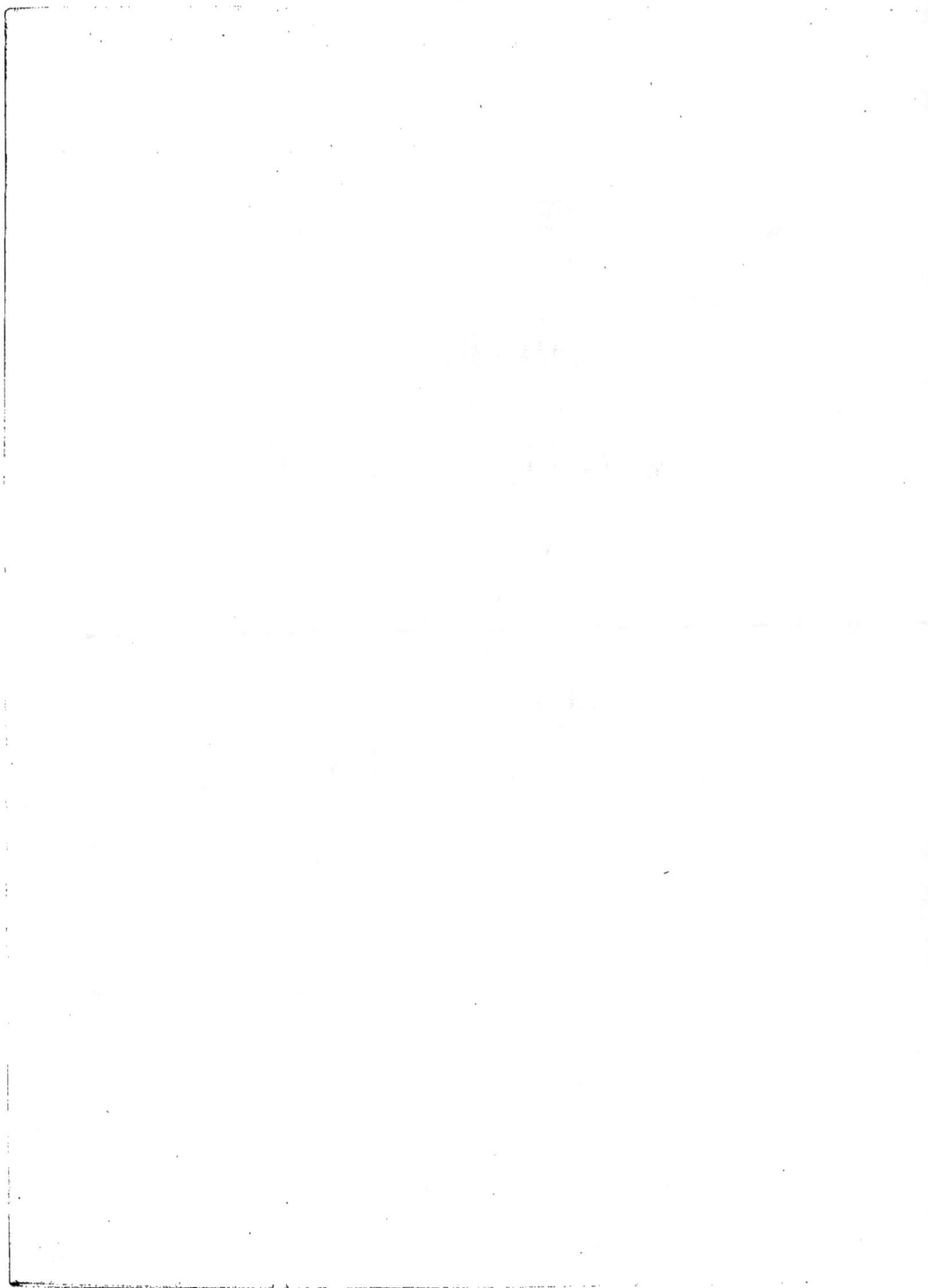

MÉMOIRE

DE M. MARTELET

MAIRE DE LURE

Membre du Conseil général de la Haute-Saône

EN RÉPONSE

A LA NOTE PRODUITE A LA COUR DES COMPTES

par onze Communes du canton de Lure

La note expose d'abord que les communes tiennent à écarter du débat toute considération de personne, pour ne voir dans l'affaire que des questions de droit et de comptabilité.

Ce programme très-sage n'a malheureusement pas été observé : la note des communes n'est guère autre chose qu'une diatribe ; les faits y sont supprimés, ou tronqués, et faussement interprétés.

Les faits vrais, et sans commentaires, les voici :

Le 18 octobre 1870, trois ou quatre jours après le passage à Lure de l'armée de Cambriels, opérant sa retraite sur Besançon, la ville a été subitement envahie et occupée par une colonne allemande forte de 4,000 hommes, et composée d'infanterie, de cavalerie et d'artillerie. Les gardes mobiles, les gendarmes étaient partis, la garde nationale sédentaire était désarmée : toute résistance était impossible, il fallut subir l'occupation.

Une fois les soldats prussiens entrés dans Lure, leur commandant, qui était resté à un demi-kilomètre de la ville, fit chercher, non pas M. le Sous-Préfet, mais le Maire, par quatre uhlans, avec mission de l'amener immédiatement à son quartier. En conséquence, M. Martelet, quoique très-souffrant alors d'un rhumatisme sur le cœur, fut obligé de suivre les uhlans, et accompagné de quelques personnes notables de la ville, de comparaître devant le commandant, qui lui dit :

« Monsieur le Maire, les soldats allemands vont être logés chez les habitants ; vous devenez responsable de tout, et la ville sera pillée et brûlée, s'il y a résistance ou infraction à mes ordres, qui vous attendent à la mairie. »

Ces ordres furent effectivement communiqués à M. Martelet, par deux intendants allemands, le revolver au poing, et assistés de huit bayonnettes. Ces ordres consistaient en réquisitions de vivres pour deux jours, pain, vin, viande, 40,000 cigares, 600 kilog. de café grillé à trouver tout de suite, etc. ; et tandis que M. Martelet était, pendant dix heures de temps, à la mairie, aux prises avec les intendants, les sergents, les fourriers et les fournisseurs, sa propre maison était envahie par cinquante soldats sans chef, qu'il fallait nourrir et coucher, et son jardin était occupé par deux cents artilleurs !

Voilà les débuts de l'occupation, et voilà comment le Maire de Lure, de même que les Maires de Vesoul, de Gray, et en général de chaque commune occupée, fut bien obligé de devenir intendant, *non pas intendant des Prussiens,* comme le dit la note des communes, mais intendant des réquisitions et des corvées imposées à la ville.

Les Prussiens, suivant leur usage bien connu, ne voulaient reconnaître dans les communes que l'autorité du Maire. Les Maires qui n'étaient pas à leur poste pour défendre les intérêts de leurs communes pendant l'invasion, et malheureusement on peut en citer de cette catégorie peu recommandable, étaient remplacés par un adjoint ou par un membre du Conseil municipal, jamais par un fonctionnaire administratif payé par l'Etat. Ce n'est donc pas au refus de M. le Sous-Préfet de Lure que le rôle d'intendant de la ville fut dévolu à M. Martelet.

A ces premiers Prussiens succédèrent d'autres Prussiens, non moins exigeants, et entre autres le 4e dragons badois, qui arriva le 3 novembre, et signala son arrivée à Lure par une réquisition exorbitante, qui obligeait toutes les communes du canton à fournir et à conduire à Vesoul un contingent énorme de vivres de toutes sortes, et ce, indépendamment de ceux à fournir chaque jour, et sans répit, à la garnison de Lure, et aux troupes de passage.

Voici comment, à ce moment, les choses se passaient :

Des détachements de fantassins, escortés ou devancés par des uhlans, allaient jeter l'effroi chez les habitants des campagnes, dont ils exigeaient le pain, le vin, le lard, le blé, les pommes de terre, les bestiaux, l'avoine, qu'ils faisaient charger sur des chariots attelés de chevaux ou de bœufs, qui le plus souvent étaient saisis et retenus pour le service des troupes; puis, arrivé à Lure, le tout jeté pêle-mêle et sans ordre dans les halles de la ville et de la gare, était destiné à l'approvisionnement des troupes allemandes.

La consternation était générale, et après trois semaines de souffrances et d'épreuves de toute nature, les Maires de Lure et du canton sentirent la nécessité, pour atténuer les maux du pays, de s'associer, comme cela se pratiquait déjà dans les Vosges, et s'est pratiqué dans bien d'autres départements, pour approvisionner un magasin en commun, destiné à la subsistance des troupes de la garnison, à la condition que celle-ci, recevant ses rations, renoncerait aux réquisitions à domicile. On ne signa pas de traité d'association, l'entente alors était sincère et cordiale entre toutes les communes du canton, pour réunir leurs efforts contre les excès du fléau ; pouvait-on d'ailleurs ne pas compter sur la parole des Maires affolés et des habitants des communes en détresse ?

La convention ne fut donc que verbale : tous les Maires étaient présents, et tous d'accord, ils doivent s'en souvenir; cette convention eut lieu le 12 novembre, jour où le magasin cantonal fut confié aux soins d'un honorable habitant de Lure, qui voulut bien accepter par pur dévouement la tâche pénible de recevoir les approvisionnements du magasin cantonal, et de distribuer chaque jour les rations exigées. Depuis cette organisation, les réquisitions brutales et à domicile cessèrent de la part de la garnison, et, malgré les exigences des garnisons qui se sont succédé sans interruption à Lure, du 12 novembre 1870 au 18 mars 1871, les dépenses du magasin cantonal pour la ville et le canton ne dépassèrent pas le chiffre de 102,000 fr., chiffre considérable à la vérité, mais relativement modéré, si on le compare aux sommes dépensées pendant les trois premières semaines qui précédèrent l'association des communes.

Expliquons maintenant ce qui s'est passé relativement aux impôts de capitation exigés par l'autorité allemande.

Elle les fixa d'abord à deux francs par tête et par mois, puis à cinq francs par tête et par mois, puis à vingt-cinq francs par tête dans les campagnes, et cinquante francs par tête dans les villes, et ce, toujours avec menaces d'exécution militaire : ainsi la ville et le canton de Lure ont été successivement imposés jusqu'au 24 février, à verser plus de sept cent mille francs.

C'est le 11 décembre 1870, que le préfet allemand de la Haute-Saône envoya à toutes les communes du département son premier ordre de payer 2 francs par tête, et de s'abonner en outre au *Moniteur officiel de la Lorraine*, sous peine d'exécution militaire immédiate. D'après la circulaire adressée aux communes, ces 2 francs devaient être versés *aux maires des chefs-lieux de canton* du département, qui devaient à leur tour, sous peine d'une amende de 50 francs, se rendre à Vesoul à bref délai, pour payer le produit de l'impôt entre les mains de l'autorité allemande.

M. le Maire de Lure n'a donc pas été chargé plus spécialement, comme le dit encore la note des onze communes, que tout autre Maire du département de percevoir des impôts pour les Prussiens.

Mais examinons comment il a agi dans cette circonstance, en sa qualité de Maire du canton de Lure.

Le 12 décembre, il a invité les notables habitants de Lure à se réunir à l'hôtel de ville avec les Maires des communes du canton, accourus tous de leur côté pour tenir conseil sur la grave question de l'impôt à fournir; et *à l'unanimité* dans cette réunion, M. Martelet, Maire de Lure, fut délégué avec M. Prinet, ancien Maire de Lure, pour aller à Vesoul défendre les intérêts communs, parlementer avec le préfet allemand, et solliciter pour la ville et le canton l'exonération du tout, ou au moins une réduction de l'impôt, en se fondant sur l'excès des charges qui avaient accablé le canton de Lure depuis le 18 octobre. Les deux délégués du canton de Lure, pour s'acquitter de leur mission, se rendirent à Vesoul à travers les colonnes prussiennes qui encombraient les routes, les 14 et 15 décembre, et demandèrent audience au préfet allemand, dont ils obtinrent un sursis de 15 jours, en faveur de la ville et du canton de Lure.

A l'expiration du délai, M. Martelet, en compagnie de M. le Maire de Plancher-Bas, et de M. le Directeur des houillères de Ronchamp, qui allaient aussi, comme tant d'autres citoyens dévoués, solliciter pour leurs cantons, fit un nouveau voyage à Vesoul, et obtint un nouveau sursis d'un mois pour la ville et le canton de Lure; enfin, grâce à de nouvelles démarches du Maire, ce sursis d'un mois se prolongea jusqu'en février et mars, époque à laquelle, contraint et forcé, il fallut bien payer quelque chose; et seulement alors, le Maire de Lure versa aux Prussiens, d'abord un franc, puis, plus tard, vingt-cinq centimes, en tout 1 fr. 25 c. sur les 2 francs par tête qui lui avaient été remis par un certain nombre d'habitants de Lure et par les Maires du canton, qui préféraient ce sacrifice aux désastres d'une exécution militaire : les Maires avaient recueilli l'argent nécessaire au moyen de cotisations, d'avances ou d'emprunts personnels : M. Martelet a avancé lui-même et sans intérêts, à plusieurs d'entre-eux, lorsqu'ils sont venus réclamer de lui ce service, les sommes dont ils avaient besoin, pour éviter les exécutions dont leurs communes étaient menacées.

Ce qui est bien certain, c'est que ces fonds, dont M. Martelet est devenu dépositaire, avec destination déterminée, n'étaient point des deniers communaux et ne sortaient pas des caisses municipales: c'est

chose facile à prouver au moyen de la comptabilité des percepteurs, régularisée depuis la guerre. Néanmoins, le Conseil de préfecture de la Haute-Saône, sans tenir compte de la provenance indiscutable des fonds dont s'était chargé M. Martelet, officieusement et à ses frais, pour rendre service aux habitants du canton de Lure, a pris un arrêté qui déclare M. Martelet comptable [occulte, pour s'être immiscé dans l'administration des biens et deniers communaux. Le Conseil de préfecture est allé beaucoup trop loin, car l'immixtion du Maire de Lure dans le maniement des deniers communaux fût-elle prouvée, elle était amplement justifiée par l'absence ou l'abstention des fonctionnaires administratifs, dans ces circonstances exceptionnelles. C'est ainsi, du moins, que le juge une autorité très-compétente. On lit, en effet, textuellement dans une circulaire récente du ministère des finances, que :
« l'Administration n'entend nullement assimiler l'intervention obli-
» gée des chefs des municipalités à une ingérance illégale dans le
» maniement des deniers de la commune; la jurisprudence admise
» pour les cas de gestion occulte n'est donc pas applicable en la cir-
» constance. »

Ce même arrêté du Conseil de préfecture de Vesoul condamne en outre M. Martelet à rembourser les 0,75 centimes par tête qu'il avait sauvés des Prussiens, à toutes les communes du canton indistinctement, et ce, nonobstant appel ; M. Martelet s'est empressé de payer conformément à l'arrêté, et il est résulté de cette singulière condamnation, que plusieurs communes reconnaissant que M. Martelet ne leur devait rien de ce chef, et qu'au contraire, il était en avance avec leurs Maires, ont été obligées de voter en conseil la restitution à lui faire.

Ces explications étaient nécessaires pour rétablir la vérité sur les situations et les rôles de chacun, et pour prouver que M. Martelet, dès le premier jour de l'invasion, s'était courageusement et sérieusement consacré, sans une heure de relâche, aux seuls intérêts de la ville et du canton de Lure. Son temps, sa santé, son crédit, toutes les ressources dont il pouvait disposer, il les a sacrifiés, six mois durant, au soulagement du pays ; son seul regret est d'avoir à le rappeler aujourd'hui pour se défendre contre des attaques perfides, car il avait reçu sa récompense dans la satisfaction du devoir accompli et dans les nombreux témoignages que lui ont prodigués ses concitoyens. Le Conseil municipal de Lure lui a voté à l'unanimité des remercîments pour sa bonne administration, pour son dévouement au pays, et pour le zèle qu'il a déployé pendant l'occupation. Le canton de Lure, malgré la résistance de M. Martelet et ses refus réitérés, lui donna 1,125 voix sur 1,300 aux élections du mois de février 1871 pour la députation. Quelques mois plus tard, le canton le nomma membre du Conseil général de la Haute-Saône. Ces suffrages sont d'autant plus précieux pour lui, qu'il n'avait fait aucune démarche pour les obtenir.

Evidemment, la note produite au nom des onze communes sur les vingt-huit du canton de Lure, également intéressées dans la question, et dont le motif annoncé est de discuter des questions de droit et de comptabilité, n'est, en réalité, qu'un moyen détourné dont on se sert pour injurier, calomnier, diffamer M. Martelet, Maire de Lure, membre du Conseil général de la Haute-Saône, dans un but qui n'échappera à personne.

Le Maire de Lure, dont le devoir était de veiller aux intérêts de la ville, a sollicité du Conseil de préfecture l'autorisation de plaider et d'intenter une action civile contre les communes du canton, refusant de payer leur part de dépense du magasin cantonal, et ne se trouvant plus d'accord avec le chef-lieu, depuis le départ des Prussiens. Il a adressé à M. le Préfet, pour être soumise au Conseil de préfecture, la délibération du Conseil municipal, en date du 20 mai 1871, demandant l'autorisation ci-dessus relatée.

M. le Préfet ne soumit pas cette délibération au Conseil de préfecture, et prit sur lui de n'y pas donner suite, sous prétexte qu'elle *était antidatée*, et que M. Martelet, intéressé dans la question, avait à tort pris part à la délibération. Ce n'est qu'au mois de décembre

dernier, six mois plus tard, qu'un arrêté de M. le Préfet, tout en reconnaissant que la délibération *n'avait point été antidatée,* comme il
l'avait prétendu par erreur, mais persistant à se fonder sur l'irrégu-
larité de la participation de M. Martelet, Maire, au vote du Conseil
municipal, est venu prononcer la nullité de la délibération.

En attendant ces décisions tardives, la ville de Lure n'a pu donner
suite à ses réclamations devant les tribunaux civils, ni faire valider
l'opposition que le Maire avait formée entre les mains du trésorier-
payeur général de la Haute-Saône, et dont le tribunal de première
instance de Vesoul a dû, naturellement, prononcer la nullité.

Les Allemands ont occupé Lure depuis le 18 octobre 1870 jusqu'au
2 novembre 1871, un peu plus d'une année, sans autre interruption
que celle des mois de juillet et d'août, et des quelques jours de passage
du corps d'armée du général Cremer, qui fut ravitaillé, accueilli et
fêté à Lure comme un libérateur. Ce ne fut point une époque de re-
pos, car dès le lendemain de son départ, d'immenses convois de
malheureux blessés, venant des champs de bataille de Chenebier et
d'Etobon, la plupart gelés, mutilés, furent dirigés sur Lure, et néces-
sitèrent la création spontanée d'ambulances dans les établissements
publics, et dans les maisons particulières ; ces ambulances donnèrent
ainsi asile à près de 700 malheureux, arrivés en deux ou trois jours ;
puis le quatrième jour, les Prussiens revinrent plus hautains et plus
fiers que jamais, ramenant avec eux nos pauvres soldats prisonniers.
Il fallut quand même pourvoir à tout ; plusieurs citoyens ·dévoués se
mirent à la tête des ambulances ; des comités de secours furent orga-
nisés par leurs soins, et, sur la demande du Maire de Lure, la Suisse
voulut bien envoyer trois chirurgiens distingués, avec tout un ma-
tériel d'ambulance.

Quinze cents blessés reçurent ainsi les soins les mieux entendus et
les plus empressés.

La ville de Lure a fait tous les sacrifices possibles et nécessaires ;
elle a remboursé 213,000 francs à ses fournisseurs, sur notes vérifiées

et réglées par le Conseil municipal, dont les délibérations font foi. Elle réclame aujourd'hui aux communes du canton leur part proportionnelle dans les dépenses du magasin cantonal, évaluées à 102,000 francs.

Les communes du canton sont bien en droit assurément de discuter le compte et les prétentions de la ville, qui, de son côté, ne s'est jamais refusée et ne se refusera jamais à leur donner toutes justifications de comptes et de dépenses, et à admettre toute compensation dûment justifiée, etc. ; mais, de la part des communes, c'est aller un peu trop loin, à propos et sous prétexte de simples questions de comptabilité et de droit à discuter avec la ville de Lure, que d'injurier, diffamer, et que de calomnier personnellement M. Martelet.

Ainsi, dans cette note, on ose avancer :

« Que M. Martelet, à la demande de l'ennemi, est entré en rapport » avec lui ; que, comme Maire du chef-lieu de canton, il a accepté » des Prussiens une sorte de rôle d'intendant....... Enfin, que, par- » lant au nom de l'ennemi, M. Martelet adressait des demandes » d'argent et des réquisitions aux maires, etc.... »

Ne voit-on pas dans ces insinuations en apparence si doucereuses l'accusation la plus outrageante qui puisse être jetée à la face d'un citoyen français ? Quoi, M. Martelet, Maire de Lure, intendant, agent direct de l'ennemi ? N'est-ce pas là ce qu'on veut dire ?

Ailleurs, par complément plus clair, on expose en toutes lettres et de la façon la plus affirmative :

« Que M. Martelet a reçu des Prussiens, ou précompté sur les ver- » sements qu'il leur a faits, une remise de 5 0/0. »

C'est une odieuse calomnie. M. Martelet n'a jamais rien reçu des Prussiens, à aucun titre, n'a jamais précompté un centime sur les sommes qu'il a été chargé par ses concitoyens ou ses collègues de leur verser. Il n'a même jamais demandé d'indemnité ni de remboursement de ses fournitures personnelles en vin, paille, foin, logements continus et avec nourriture, de tous les états-majors allemands ou français avec leurs suites, depuis l'origine de l'invasion, jusqu'à la délivrance.

Plus loin encore, la note des communes ose affirmer l'infamie suivante :

Copie textuelle.

« Les communes savent que M. Martelet a racheté *à bas prix* à
» des boulangers, bouchers, etc., des bons délivrés par lui, qui depuis
» lui ont été remboursés intégralement par la ville de Lure. »

Nous verrons bien si les communes pourront justifier d'allégations aussi diffamatoires et vraiment inqualifiables.

Elles sont requises de produire des preuves, et comme elles ne pourront pas les produire, M. Martelet, qui a droit à une réparation, demandera acte de ces déclarations, qu'il dénie de la manière la plus tranchée, en demandera la suppression, sous la réserve la plus expresse de réclamer contre qui de droit une condamnation à des dommages et intérêts, qui seront versés à l'hospice et au bureau de bienfaisance de Lure.

Th. MARTELET.

Lure, le 22 janvier 1873.

BESANÇON. — IMPRIMERIE D'OUTHENIN CHALANDRE FILS.

www.ingramcontent.com/pod-product-compliance
Lightning Source LLC
Chambersburg PA
CBHW060718280326
41933CB00012B/2481